소통의 계보

배재형 시집

문학의전당 시인선
142

소통의 계보

배재형 시집

문학의전당

시인의 말

갈 길 멀어 긴 언사에 지체할 수는 없다.
잠시 고개를 돌릴 뿐,
내 영원한 시는 아내 문선이다.

시와의 불륜을 눈감아 준 사랑을 뒤로 하고
눈물을 삼킨다.
되돌아오려면 긴 말미가 필요하다.

사방은 뉘엿이 저물었고,
한참을 더듬어 갈 길을 감지한다.
걸어온 길은 회문(回文)처럼
마음 바삐 걸어도 몸은 느림보 같다.

이 시집은 아마도
어처구니 풍문으로 기록될 것이다.

2012년 11월
배재형

차례

시인의 말

제1부 즐거운 식빵

시 13
즐거운 식빵 14
월하의 공동묘지 16
손금 18
열쇠를 찾아서 20
월급날 22
현금지급기 24
김밥 옆구리 26
사람이 풍경처럼 28
저수지의 감기 30
뱃살을 바라보며 32
청춘불패 34

제2부 물속의 빈손

불빛, 불빛들 37
노숙의 내력 38
숨어 있는 섬 40
소통의 계보 42
모공 관리 프로젝트 44
저녁풍경 46
포스트잇 48
옥상의 지붕 50
이별 후 속 푸는 방법 52
물속의 빈손 54
환생 56
의자가 되기 위하여 58

제3부 동거의 공식

연애의 풍경 61
오른팔을 뻰다 62
비 오는 목욕탕 64
꽃집 앞 66
삐삐를 찾아서 68
동거의 공식 70
숨은 밥 72
이슬에 젖다 74
잎에게 묻다 76
푸른 잎 78
터널을 지나다 80
발치여 82

제4부 복숭아꽃 아내

눈물 닦기 85
비의 공평성 86
복숭아꽃 아내 88
쌓인 벽돌 90
고백 92
출입 94
견고한 습성 96
안구건조증 98
골목길 100
빚 102
무게와 친해지는 법 103
눈의 눈 104

해설 | 거리(街道)에서 거리(距離) 지우기 : '탈자(脫自)'의 현실성 105
백인덕(시인)

제1부 즐거운 식빵

시

흰 여백의 독방에 갇혔네
나는 수인(囚人)의 업보
점지 받은 생을 위해
묵음수행으로 하루를 보내며
짬짬이 야한 생각에 머리카락이 자라네
자르고 잘라 은유도 넣고,
상징도 구석에 숨겨 놓았지만
아, 연필심 같은, 볼펜똥 같은
검은 머리카락은 무수한 꼬리를 남기며
흰 방에 가득 차네
가끔 야동이라도 보는 날이면
컴퓨터 안으로 감옥도 옮겨 수감되고
나는 자판이나 토닥거리며
머리를 기르지 못하네
이 불면의 밤이여

즐거운 식빵

뜨거운 공기 중에 나를 밀어 올리며
단단한, 그리고 검게 탄 근육을 단련하였다
넓은 들판 따스한 광합성으로
든든한 탄수화물 영양소 이유식을 먹고 지냈다
잠시라도 엽록소로 자란 참밀의 제분기 속 분해를
안타까워하였나 아니면, 화장하고 남은 석회질
뼛가루를 혹 연상한 적이 있는가
그렇다면 알아주오
세상의 껍질과 나른한 봄 햇살까지도
추억하고 있는 밀가루의 회생,
철썩철썩 치대어지는 아픔과
미세한 알갱이마다의 부대낌 그리고
그대가 알지 못하는 뜨거운 고난 이긴 후의 환생
여기에는 신기하게도 추억을 몰래 변절시키는
엽록소 없는 호모균의 성장이
또한 내 몸집의 윤곽을 그려주는,
그래서 간지럼증의 유혹이
웃음을 터뜨리며 이승의 배고픔을 달래주련다

내 외유내강의 인격은 어디서나 배우고
어디서나 볼 수 있지 않은가
셔터 내린 지하철 바닥 같은 곳에서
눈물 젖은 나를 본 적이 있는가 그렇다면
지하철 공사장이나 한강다리에서 혹은 백화점에서
세상이 '빵' 하고 갑자기 터지는 소리를 들은 적은,
그대의 출아와 내생포자
그리고 시큼한 발효와 나락 같은 불
거기서 울고 웃었지
나는 이제 즐거운 식빵

월하의 공동묘지

소복 입은 구름은 밤늦도록
뭉게뭉게 하늘을 거닌다
할머니는 달 여행하러
우주선처럼 하늘로 날아가셨다
밤 구름 사이사이
소복 끝자락만 살짝 살짝 비칠 뿐
할머니 보이지 않는다
핏기 없이 허옇게 부은 다리를 하고서
조용히 구름 위를 걸어 다니신다
목석같은 다리 하나에
마른 벌레들이 일가를 이루며 서식하고 있지만
홀로 지루하게 누운 잠자리가 외로워서인지
오래 전 월하의 공동묘지 한쪽 자리를 간택하셨다
회색 콘크리트 같은 자녀들은
소리 없이 딱딱하게 서 있기만 한다
목마를까 떠놓은 정화수 한 그릇
구름보다 가벼운 하얀 침대 머리맡에서
인공위성의 낮은 궤도를 따라 바람이 출렁거리고

평생 바람만 피다가 구름의 속도가 너무 빨라
굵은 땀방울 흘리던 지아비 뒤를 따른다
내 다리 내놔, 내 다리 한바탕 외치고는
달빛 아래 한 대접 달을 받아
흰 침대 주위를 환하게 비추던
조강지처가 살던 마당, 그리웠을까
한 번도 고통을 주지 않았다던 절망은
세상 달 아래 별들을 떨어뜨렸다
올해도 여전히 장마 전선과 태풍이 올라오고
물 한 그릇 지키려는 구름 같던 침대 위
달 여행가서 아직 돌아오지 않은 할머니
달나라에 정착하셨다

손금

추억은 굴러다니는 쓰레기다
바람과 함께 흩날리다
발길에 치이며 아파한다
길지 않는 생명선 줄기 따라
손바닥에서 어렴풋한 냄새가 나던
내 맘 같지 않은 시절
지하철 창가에 비쳐
말없는 죄수 같다
손잡이에 두 팔, 수갑처럼 묶여
사형을 기다리고 있다
죄가 두려웠다
술을 조금 마셨을 뿐이고
담배를 몇 개비 피었을 뿐이다
아, 아주 잠깐 다른 여자를 바라봤다
오랫동안 오지 않은 사람과
오고 있을 운명들을 기다리는 시간은
생각보다 단순하다
시야는 소리보다 분명해서

나는 기다리다 지친
침묵의 물체다

열쇠를 찾아서

열쇠구멍으로 해 떨어진다. 불면의 어둠 틈틈이 헤드라이트 불빛이 지나가면 우리가 사랑하지 않았던 시간들을 기억하지 못할 것만 같아. 궤도의 근원 같은 궁합은 맞아야 한다며 비밀스럽게 사랑을 안심시키고 형광등을 켜서 라면을 끓인다.

냄새가 솔솔 새어나오는 미안한 뱃속의 열쇠는 적당히 불은 라면이라고, 마음이 허해지면 무엇으로 구멍을 메워 방향을 바꿔야 할까. 맞지 않는 것들이 채워진 열쇠구멍은 나를 가둔다. 내가 알던 열쇠는 누추하고 큰 가방이나 깊숙한 주머니에서 찾지 못했다. 간혹 안부처럼 열쇠꾸러미를 꺼냈지만 따뜻한 안식처로 들어가는 입구는 열리지 않고 소리 없이 쌓이기만 하였다.

새벽은 살이 터져 구멍을 넓히고 잠들지 못한 침석(枕席)은 먹다 남은 찌꺼기 깔린 라면 국물처럼 불편한 기러기 가장의 방, 열쇠구멍 속으로 해가 뜬다. 시뻘건 눈망울 위로 뜨는 해는 안전한 추억처럼 환하다. 얼마나 익어야 기억은 추억이 되나, 열쇠구멍 안으로 기나긴 이야기를 중얼거리는 기럭 기럭 기럭 넓은 바다 위를 헤매며 잃어버린 열쇠를 찾는다.

월급날

드릴로 잠든 아내의 머리를 뚫었다
평소 말이 없던 그녀의 머릿속
가만히 들여다본다
아내는 헤어진 애인과 결혼하는 날마다
석쇠에 내 손바닥을 굽는다
그때마다 손바닥은 고등어가 된다
석쇠에 검게 그을려 눈 하나 까딱할 수 없다
향기에 취한 아내의 콧잔등에
어느새 군침 도는 소리가 보이면,
아가미조차 벌릴 수 없을 만큼 뜨거운 여름
아내는 한 점 살을 뜯는다
검게 타서 입도 다물지 못하는
잘 익은 고등어 한 마리
가는 뼈 발라가며 자식에게 먹인다
나는 불 위에서 지느러미조차 움직일 수 없다
생선가게 주인에게 받아 든 한 마리 이천 원 고등어,
울지도 못하는 잘 박제된 비닐봉지 속 고등어를
뚫어진 아내의 머리맡에 놓았다

일상의 로망은 사라져가는 벽 틈에
비린내처럼 묻혀 있다
가을이 왔다고 방심하지 마라
여름은 아직 끝나지 않았다

현금지급기

어둔 지하도 한편 현금지급기와 함께
검은 그림자를 안고 서 있는 한 사람
불빛이 깜박거리는 카드 투입구 안으로
까만 손등과 손바닥을 밀어 넣는다
땟물이 줄줄 흐르는 야위고 납작한 손은
짓눌린 무게만큼 바닥과 등의 경계가 없다
다만 손금 생명선이 희미하게 남아
찌릿찌릿 지급 감지기와 접촉한다
다른 한 손으로 쉬운 비밀번호를 누르고
가슴이 설레는 출금 액수 버튼을 찾아
드문 떨리는 손을 가져간다
딱딱하고 무거운 현금지급기 안이
행복한 가족처럼 따뜻하다
눈감고 중얼거리다
가는 손금을 통해 전기가 온몸으로 전해지는 순간
깜짝 놀라 눈을 뜬다
갑자기 지폐 배출구 문이 짠하고 열리며
세상을 돌다가 지급기 안에 잠깐 머문 돈 대신

오래전 설레던 심장 하나 뛰고 있다
지급기 위에 붙어 있던 거울 속 한 사람
긴 세월 저축해 놓은 재산인
멍들고 쪼그라든 심장에서는
돈에 긁힌 비명이 가만 숨을 죽인다

김밥 옆구리

오랜 시간 간지럼을 참았다. 포식한 식사 후 더부룩함이 그러하듯 꾹꾹 안으로 안으로 포개져 눌러지는 오색 무지개를 숨겨왔다.

허기의 가운데 얇고 검은 자막에 쌓여 완성되었으나, 배고픔을 너무 잘 알았으므로 죽기를 각오한 식칼조차도 두렵지 않았고

오백 원 동전 두 개로도 모자란 사랑, 바쁜 일상의 조각조각 주린 배를 채우고 꿀꺽 게 눈 감추듯 이별하였다.

세상은 너무 공평해서 무너질 듯 욕망이 커지고, 자꾸자꾸 웃을 일만 있거나 치명적 유혹의 간지럼을 참지 못하는 순간 툭, 하고 옆구리 터진다.

김밥 옆구리 터지는 소리 들어보았나, 그 슬프고 노여운 굶주림보다 더한 말씀을 이제 듣지 않겠다고 다짐하면서

나는 너무 오래 웃지 못해 근엄하였다.

사람이 풍경처럼

길 위로 사람들이 흘러내린다
바람이 사람들처럼 바스락거리고
수많은 풍경들이 떨어진다
나뭇잎은 무거운 축에 속하는 것
사람들의 머리카락에서
햇살의 입자들이 바람에 날리고 있다
길 건너 아파트 발코니에서
여자들이 이불을 털어 말리고,
아이들은 이불에다 물총을 쏜다
채 마르지 않은 걸레들과 흐린 구름 사이에
아버지의 큰 그림자가 아이들 앞에 서 있다

갑자기 비라도 오면
우산을 들고 길목을 서성거려본다
하나 둘씩 비를 맞고 우산 곁을 스쳐 가면
우산을 내밀고 와도 좋다
하수구 빗물이 흘러내리는 소리에
찌든 땀도 그립던 시간들의 눈물도 흘러내리고,

저 길 위에 없는 내 소유의 땅을
단지 발바닥이 닿는 표면일 뿐이라고 위로한다
그 표면을 제외한 지하의 모든 땅이
내 것임을 선포하고서 부자가 된다

너와 내가 스치는 길 위에
햇볕 말라붙은 빗물이 하얗게 자국을 남겨 놓았다
가녀린 사람들의 마음에도
첫사랑의 열병과 가난한 숨소리가 푸석해지고
시름시름 마른 시금치 모양의 삶이라도
길 위에 버티고서 흘러내리지 않는 사람은 풍경이 된다

바람은 바람이 와서 손잡고 가고
커다란 풍경은 사랑하는 사람들을 지켜줄 것이다
비가 개고 햇살 앉은 손등을 오래도록 내려다본다

저수지의 감기

입질 좋다는 저수지 한쪽
먹장구름 고단한 바람을 끌고 간다
아니, 바람이 먹장구름 밀고 간다고나 할까
발걸음 지치면 숨어 있던 돌부리 커져 입질이 시작된다
하얗게 부풀어 오른 기포가 하나 둘 가라앉고
운동화 한 짝이 가라앉고 소주병이 가라앉고
성욕이 가라앉고 사직서가 가라앉고 통장이 가라앉는다
막상 중요한 나의 미끼는
번번이 음습한 빛의 침전 속에 결빙되기 일쑤다
바람이 물결을 끌고 간다
다른 물결이 명퇴 당한 그 자리를 메운다
물결들은 송사리 떼처럼 차가운 허방을 헤매고 있다
어항의 기억은 투명한 유리 울타리를 벗어나야 하리라
저수지 주변에는 빛바랜 사진 누런 테두리처럼
제 몸을 제 관으로 맞춰 놓은 고목들이 구겨져 있다
먹장구름 어깨에서 더 무거운 짐을 풀면
잠복기가 긴 감기처럼 콜록 콜록
숨어 있던 입질이 다시 시작된다

감기바이러스 걸린 그물이 천천히 물가에 던져지고
그물에서 비 맞은 비늘이 반짝거린다
고단하게 벌렁거리는 아가미 사이에서,
애써 웃는 가장의 눈 속에서
뜨거운 빗물이 흘러내린다
감기는 좀처럼 떨어지지 않는다
파란 핏줄들이 걸어갈 길만큼
저수지 물가에 고여 가만가만 만성의 피로와 숙취와
가시지 않는 열을 조용히 방생하자
이내, 감기바이러스는 비밀스런 물속으로 사라져버린다

뱃살을 바라보며

한적한 오후 인적을 피해 무덤가로 갔다
듬성듬성 잡초 같은 검은 털이 나 있는
아비의 볼록한 배에 숨 가쁘게 다다랐다
잠시 깊은 묵념을 하고서는
둥그런 인격과 무게를 향해
기억의 각도를 쟀다
각도기로도 그리지 못할 중년의 뱃살은
고독한 굴곡이었다
물 한 모금 못해 축 늘어진 잡초들이
꼭지각 근처에서 차가운 손에 이리저리 뜯겼다
거친 아비의 숨소리가
심장 근처에서 콩닥콩닥 소통되지 못해
숨이 찼다
해가 나뭇가지 위에서 떨어지고
밑으로 새와 새소리들도 떨어졌다
아비 배 위로도 하얗고 작은 고사리 손이 떨어져
따뜻하다 따뜻하다 하다가
나뭇가지 위로 올라오는 인기척에

난로 같던 배가 물렁물렁해져
핏기 없이 각박하게 뛰는 심장을
조용히 감싸주고 있었다
금세 배 위에 올라온
아이가 까르르 웃었다

청춘불패

우리는 장난치듯 봄 햇살의 비유를
작은 종이 위에다 새겨 놓았다
하늘은 벤치에 내리는 맑은 마음을
지하철에도 날리고, 버스 창에도 날렸다
하루 종일 우리의 웃음을 소재 삼아
남은 희망을 떨어지는 꽃잎에
다시 날려 보냈다
도망치듯 날아가는 종이를 잡으러
산으로 바다로 돌아다니다
종로며 대학로며 충무로는
우리의 걸음걸이보다 더 길어 축지법이 필요했다
쉽게 남은 길을 포기하기도 했고,
더 먼 길을 꿈꾸기도 했지만
술 취한 밤이 길어
꿈의 집은 거북이 등처럼 단단하고 느렸다
우리는 꿈을 얘기하다가
단단하고 느린 거북이가 되어
온 산과 바다를 깔깔거리며 떠돌아다녔다

제2부 물속의 빈손

불빛, 불빛들

술 취한 택시 밖 풍경이 불빛들을 하나씩 지나친다 한 시, 제일 첫 번째의 시간 그리움으로 출렁이던 가슴에 불빛들을 담고 귀가길 불빛들을 따라 장남이나 첫 번째 남편은 저문 해 앞에 놓인 잎처럼 쓸쓸하다 밤을 꼬박 새운 불빛 가는 실핏줄 아프다 마을은 멀고 강추위에도 얼지 않은 불빛들은 잠시 눈에 덮여 있을 뿐이다 불빛 속은 따뜻할까 마음의 입들은 침묵하지 못하고 질문한다 불빛 속에서 예쁜 애인의 가슴을 만지고 있는 대머리 노총각은 행복할까 어젯밤 잠시 만난 비가 내 몸을 녹슬게 한 걸까 누군가 몹시 보고 싶은데 생각이 나지 않는다 자꾸만 건망증이 생기고 있다 나는 회문(回文)을 읽듯 점멸하는 가로등을 그렇게 헤치고 간다

노숙의 내력

오래 살던 동네를 떠나던 날
나는 아직 거처를 정하지 못했다.
이곳과 저곳을 연결하는 이삿짐 트럭은
공기 중을 흘러 다니다
정착하지 못한 삶의 고백처럼
여기저기 정처 없이 흩어져 허덕거렸다.
옛날 집에 모셔둔 불효는
먹구름처럼 한없이 낮아졌지만,
마을 어귀에 묻고 온 첫사랑은
하늘 높이 뭉게뭉게 피어올랐다.
추억은 퉁명스럽게 뭉개졌으나
그 후로 조각난 이삿짐을 모으며
새로운 사랑을 찾아 나섰다.
인공위성처럼 가을을 느끼지 못한 채
땅만 보며 동상이몽의 궤도를 떠돌아다녔다.
사랑은 어디에서 오나 하고, 허나 질척거리지 마라
미끈한 여자 다리에 꼴려
한참을 낮아진 나는 길바닥 개미가 되었다.

개미의 몸뚱이 바람에 날리며 그리움마저
수중방뇨처럼 비밀스럽게 흡착하는 생(生).
가끔은 윗도리를 달뜨게 만들어
참을 수 없는 고행을 단련하기도 했다.
자신도 알지 못하는 수군거림과
씹어도 씹어도 씹히는
질긴 세꼬시 같은 거친 생사의 갈림길.
유곽의 언저리 강력한 쾌락의 소구를 이겨내는
사이보그 중고 개미의 시름시름 앓는 사랑은
주워온 여자 블라우스에 두 주먹 불끈 넣고 잠들었다.
삶의 중간 중간 사연 많은 긴 소동은
언제나 어처구니 풍문처럼 노숙으로 요약되었다.

숨어 있는 섬

하늘이 어두워지면 지하철역 화장실은
파도소리 가물거리는 바다가 된다
물가에 발 담그고 앉아
눈감고 숨 멈추고 마음 놓고
형광 노을 지그시 바라보며
벌레들에게 미리 내준 몸을 긁는다
꼬집고 비틀어 실눈 만들고
입술 들이밀고 누워
나뭇잎 같은 화장지 조각들을 도둑질하다가
가슴이 정전되어 잠자리가 불쑥 떠올랐다
파도치는 마음에서 서서히 올라온
섬으로 가는 입구

마땅히 앉아 있을 자리가 아니라고 했다
지하도 열두 칸 계단 아래
공짜로 넘치는 햇살을 끌어당겨 만든 빈집이었다
그 집에 마련된 문지방마다
섬으로 가는 구멍이 마련되어 있었다

구멍 안을 성큼성큼 걸어 노숙을 눈으로 그렸다
나타나지 않는 사랑을 기다리는 눈들 젖어 있었고
속삭이던 고백을 잊은 계단 위 해 그림자에
텅 빈 마음 매달아 놓았다
가난을 그려 넣은 문신은 섬의 고유한 이름이 되었다

해질 무렵 어디선가 나타난 섬들이
주섬주섬 나타나 잠자리를 만든다
밤새 숨을 고르던 섬들이 군도를 형성한다

소통의 계보

1

여관 여주인은 졸린 눈을
내 지갑에 잠시 흘긴 후
지폐와 열쇠를 교환한다
304호 열쇠를 받아 든 지친 눈이
빨간 카펫이 깔린 계단 위를 오른다
지나가는 문들 안에서
희미한 신음과 탄성과 괴성이 흘러나온다
소리들은 제각기 어떤 사연으로
이곳까지 흘러왔을까
낯선 방 거울 안에 사는 바람과 마주친다
사랑이 흔들리다 속삭인다
정신과 육체가 만나 사랑을 하면
소리는 하나가 되어
휴식처럼 여관방 곳곳에 숨어든다

2

아침 햇살마냥 여관 뒷문을 나오다

버려진 텔레비전을 바라본다
겉으로는 멀쩡한 허우대 하나
소리 없이 서 있다
세상을 버린 목숨은 외롭겠지
감추어진 뒷면을 보니
몇몇 부품만이 뜯긴 채 해부되어 있다
세상을 보여주지 못하는 화면은
긴 침묵 속에서 바람을 만난다
외롭다고 외쳐야 할 때 침묵하는 마음 안에서
작은 목소리가 맴돈다
나무처럼 굵고 딱딱한 뿌리와 줄기를 가진
플라스틱과 깨진 유리의 그리움 희미하게 들린다
미수에 그친 자살을 뒤로 하고 걷는다

모공 관리 프로젝트

영혼마다 깊이 팬, 고해처럼 구멍을 막는다. 구멍 속에서 검고 불온한 기름이 순간순간 올라와 전위 같은 하수구 소리를 내기도 했다. 영혼이 출렁이면 가슴도 출렁거려 흔들리는 눈동자에서 이른 폐수가 뚝뚝 떨어졌다. 어제 마신 술 때문인지 유전공은 깊어졌다. 지하 속 목이 타 흘려보낸 보리차로 인해, 바람소리 자꾸 커지고 있었지만 피부가 촉촉해지려면 수분이 필요하다.

청춘이 뿔난 망아지마냥 날뛸 때면 기름무지 생기는 증거를 찾아 나섰지만, 자꾸 커지는 모공을 잡기에는 역부족이었다. 트리클라세라이드를 감싸고 있는 모낭은 너무 견고하였다. 프로젝트 기획안이 올라오고 윗분의 결제가 나자 시작된 모공 관리는 예산이 많이 들어 여러 계절을 넘겼고, 그 사이 피지는 쌓여갔다.

여러 해가 지나 내 몸에 사는 아름다운 방은 무수한 화학약품으로 문을 만들었다. 그때마다 화장대는 차고 넘쳐 체화되지 않은 꿈을 들고 있던 그림자의 밀도가 높아갔다. 속도 없는 꿈은 견고한 무덤 속에서 화석이 되어버릴 것만 같아 자꾸 육체를 꺼냈고, 가끔은 육체가 기적처럼 되살아 붉은 무덤 같던 여드름이 꿈처럼 평평해지기도 하였다.

시간은 유전을 고갈시켰다. 솟아오른 오기나 발기를 누르기도 했지만, 파놓은 유전공은 상처를 남겼다. 기억이 푸석푸석 각질을 일으킬수록 소통은 평평해져 소시민이 되어 가는지 알지 못했다. 그 후로도 오래 염증을 앓았다.

저녁풍경

창가가 어두워졌다
저녁의 나이를 물감으로 그릴 수 있다면
어떤 풍경이 될까
동네 유치원이 사라진 저녁은
먼지와 잿더미가 가득 찬
빈 공사장 풍경 사이로
푸른 자전거 하나 지나간다
여러 색 그려 넣은 팽이머리
땅 위를 힘차게 돌 듯이
튼튼한 자전거 바큇살에는
모래 수만큼 가불한 숨소리들과
우는 아기 달랜 뒤 저녁 같은 파도,
또한 제비가 물고 달아났던 등대불빛이
둥글둥글 섞여 소화시킨 식사처럼
밥줄 걱정 없는 가을걷이에다
빚 독촉 없는 일요일처럼
온통 푸른 빛 쏟아진다
불빛 가득 찬 방 안에서

두 손 둥글게 모아 어둠을 만들자
자전거 바퀴 환영기가 빛을 가두고
굴착기 화음이 풍경 하나를 그리고 간다
밝은 색의 물감을 한쪽에 풀어놓는다
이제 맑은 물이 풀리는
그림붓처럼 철드는 텅 빈 풍경에
자꾸 저녁을 입주시키고 있다
분양가가 높은 평당 저녁은
시간이 지나면서 프리미엄이 붙었다
쉬는 자전거는 늙은 돌무더기에 앉아
풍경의 돈을 세고 있었다

포스트잇

급한 생각, 나쁜 생각,
할일 바쁜 눈높이 책상 앞,
컴퓨터에 붙여 놓는다
짧은 생(生)은 여기저기 기거하는
포스트잇과 같아서,
갈피 같은 그늘 아래 소박한 사랑이
선방(禪房) 가득 수북하다가도
겨우내 일손을 놓았던 사람들은
불멸의 문장을 갈아엎기도 했다
만우절 무렵에는 속을 달랠 차 한 잔
밑불 속에 연기로 끓다가 뗐다 붙였다
물방울의 여백으로 복숭아꽃 피었다 지고,
일탈 위에 걸린 사마귀와 벌초하러 온 가족들 사이에
수많은 풍경이 지나간다
오래전에 떠났던 동네에서
날아가버린 포스트잇을 찾아다녔다
밥값하며 살지 못한 걸음보다 빠른 세상에서
그 문제와 이 현실의 숙제처럼

포스트잇 덕지덕지 붙은 책상 앞
눈감고 가만 고향을 떠올렸다
희망은 실수로 태어나 점도가 약하고 끈적거리지 않는
마지막 추억의 서표 같은 것임을
붙여놓은 포스트잇 앞에서 때늦게 알았다

옥상의 지붕

언덕에 가득한 지붕들이 하늘과 맞닿아 있다
위 아래짝 맷돌 같다
가끔 낙수의 풍경이 지붕 위 빨래를 말리고,
하늘이 지붕 위에 널려 펄럭거리고 있다
해 좋은 목을 골라
시야의 일광욕이라도 하고 있으면
깨끗한 빨래를 타고 흘러내리는 햇빛이
동네 사람들의 얼굴에 떨어져
산비탈 먼지 묻은 웃음 사이를 기웃거린다

슬레이트 군데군데 놓인 비닐천 위로
빗방울이 흘러내린다
골목 끝에서는 우산이며
날마다 쌓이는 삶의 먼지들이
풀풀 날리다 물기를 머금는다
다른 골목 끝에는
오동통한 비탈을 차곡차곡 쌓은 지붕들이
머리를 맞대고 있다

처마 끝 비를 피하는 바람이
붉은 기와지붕 곁에서 삐걱거리다가
아파트 외벽에 부딪쳐 서성거린다

비가 갠다
전봇대 위 낮은 촉수의 전등이 켜진다
그 아래 두 손 둥글게 말아 또 다른 어둠을 만들면
하늘이 맷돌구멍만 하게 환해지고 있다
옥상과 지붕 사이에서
고소한 콩국물이 흐른다

이별 후 속 푸는 방법

술국을 안주 삼아 술을 마신다
얼큰한 마음의 눈물을 술과 섞어 폭탄주 제조하고,
뚝배기에 첨잔한 고춧가루로 얼었던 손을 녹인다
푸짐한 허기는 입맛을 잃게 만들지만
혼자가 아니야, 앞자리에 빈 숟가락과 야윈 젓가락을
가지런히 놓고 돼지의 내포(內包)를 살핀다
지방간이 잔뜩 낀 곱창, 오소리 한 점
창자, 깃머리 한 점
너는 어디냐, 부드러운 너는 어디서 움직이며 살았나
두근두근 뛰는 가슴 속 삶아진 기억을
뭉게뭉게 떠먹는 숟가락은
차고 비우는 기나긴 싸움처럼 뜨겁다 식는다
새우젓갈처럼 뜨겁게 팔딱이던 피는 폭삭 삭아가고
돼지피야, 소만 한 돼지피와
흰 국물에 청양고추 양념장 섞어 허한 사랑을 버무린다
사랑은 응고되어 부추 겉절이마냥 허기를 달래며
헌 사랑을 보내고 새 사랑을
맞이하는 술국의 이중성, 피가 되어 흐르다가

폭 고은 국물에서 응고되는 마음은
이별 후 술국이라
술 마시기 제격인 술국이다

물속의 빈손

손 씻은 물이 내 손의 더러움을
비누거품 물 위에 둥둥 띄워 놓는다
가질 것이 너무 많은 사회에서
내 손이 너무 작음을 한탄한다
장마 속에 축축한 이불들을 짬짬이 널어 말리고
날갯죽지 젖은 비둘기에게
내 심연의 누룽지처럼 말라붙은 욕망을 던져주고서
또 손을 씻는다
가진 것이 너무 많은 사람들이 뉴스에 나올 때마다
쥐고 놓지 않은 것들이 짐이 될 수 있다고
아버지께서 어머니의 손을 잡으면, 아들의 손에는
아무것도 쥐어지지 않는다
아버지께서 남기신 유일한 유산인 내 빈손이
장마의 눅눅함에 씻겨 하수구로 쓸려간다
하수구 물속에서 내 빈손이 더러운 오물을 걸어 다닌다
세숫대야의 물이 장마 동안은 지겨워도,
유일하게 내 손을 씻는 그 동안에 나는 안다
물속에서 나의 손은 언제나 빈손이라는 것을,

쥘 수 있을 만큼 꼭 손을 쥐어도
주먹은 언제나 비어 있다
이제, 대야 안의 더러운 물을 버린다

환생

간밤 늦은 비 그친 곳 창 열어
신선한 꿈 한 모금 들이키고 있을 때
천일기도 끝자락에 피어난
홍자색 자목련 꽃향 같기도 하고
합장한 손 마디마디에 타오르는
향내 같기도 한 푸른 입자 가득
내 가슴에 한 바가지 쏟아진다
어디서 나는 향기일까
눈빛은 무거운 가지를 붙들고서
간밤의 빗물을 보내고 있다
마당 가득 빗방울과 함께 떨어지는 나뭇잎들이
엄마 품 흙으로 가 안긴다
똑똑 빗방울 떨어뜨리는 나뭇잎들이,
가지 끝 속죄를 쥐고 있는 나뭇잎 몇이
흔들리며 기도를 한다
향기는 저 곳에서 퍼져 나온 것일까
무거운 염주알을 돌리듯 흔들리며 흔들리며
장마가 가을로 환생하는 향기일까

잎자루 가득 빗방울 얹혔다 떨어진 나뭇잎들이
이천 배(拜) 삼천 배(拜) 인내의 향기를 퍼뜨릴 때,
깊은 숨을 들이키자 향기는 몸 안 가득 웃는다

의자가 되기 위하여

바닥을 향해 끊임없이
소리를 내야 한다
간이역에 잠시 와서
머무는 기적소리
정착하려던 마음
빈 여백을 깊이 눌러
무게를 떠받치는 힘을
가져야 한다
역사 한쪽의 작은 마음
떠나는 그림자를 붙들고서
바닥을 떠받치고 있다

제3부 동거의 공식

연애의 풍경

가슴 한 묶음의 어둠 속에서
새싹이 자라고 있다
다운증후군의 소녀가 혀를 내밀어 싹을 맛보면
하얀 거미줄이 빛처럼 엉켜 흔들거린다
바람에게 말 걸어 전한 소식 도착하기도 전에
마음은 전속력으로 달려가
구름 같은 애인을 포옹하고 있다
장대비 속에서 기다린 연애,
물기가 마르기도 전에
헤어지는 시간은 수증기에 실려
추억 방울방울 투병 중 자서전을 쓴다
사랑은 오래된 전설의 일종이라고 전해진다
메마른 우기의 침대 위에서
세상에 없는 체위에 행복하다
전설은 아직 깨어나지 않는다

오른팔을 뻗다

아침저녁으로 서로 손 비비며 소통을 나눈다
텅 빈 목욕탕에서 때를 밀기 위해 오른팔을 뻗었다
침묵의 비누와 소통한다
오른팔은 비누 같다는 생각을 한다

팔등 위로 듬성듬성 시들어가는 풀이 나 있고
추억을 깨우는 상처들,
어릴 적부터 크지 않는 작은 상처들 사이
느리게 벌레 같은 점들이 기어간다

나는 척박한 거처에 씨를 뿌리지 않았고
우물을 팠지만 물을 길어 올리지 않았다
다만, 가끔 오는 이 목욕탕에서 축 늘어진 거처를 뻗어
때수건으로 거친 거름들을 파내고 있을 뿐

시간의 거푸집인 시커먼 때를 말아 세상에 보낸다
생활에 오염된 각질이 온통 몸뚱이를 감싸면
일상의 담보물로 변해 버린다

서글퍼 보이는 오른팔을 사랑한 일도 없이
일상을 맡기고 있었다
오른팔은 거품과 함께 사라져 버린다

비 오는 목욕탕

가득 찬 물이 넘쳐흐른다. 물이나 풀의 흐느적거리고 우유부단한, 작은 창 사이로 해 쏟아지던 봄 하늘 가득 유유자적 네모난 욕탕 어귀를 돌아 돌아 그리워한다. 뿌리처럼 맨몸을 매만지며 피붙이 체감온도라도 감지하려는 것일까. 쏟아지는 줄기를 따라 가족이 되고 싶었다. 살아 있는 뿌연 거울 속 알몸이 숨으면 정지해 있는 거울 속 유령 같은 추억도 숨는다.

목욕탕 가던 주변 곳곳에 굵은 때가 벗겨지고, 아버지의 등을 밀다 밤이 되면 약봉지를 들고 옷을 입었다. 철없던 땟물처럼 어린 시절 소풍을 간직한 아버지 무덤에도 광합성이 필요했다. 숨 쉴 수 있는 맨 처음과 끝자락에 옷장을 마련하고, 하늘 가까이 낡은 건물 맨 꼭대기 목욕탕에서 별을 태워 만든 흉터를 감춘다.

흉터 위로 비가 내린다. 거친 숨소리 어지럽게 흩어져서 입에 닿는 빗줄기도 목이 마르다. 시간이 공간으로 흘러서 마찰력 넘어 감각이 되면 만져보고 싶었던 살갗을 태워 띄운다. 강물은 비 오는 산등성이에서 알몸처럼 숨는다. 비 오는 목욕탕이 아버지의 무덤으로 흘러가고.

꽃집 앞

아내 생일을 축하하기 위해
의무처럼 꽃 한 다발 사러간 꽃집 앞
1등 명당 복권가게에 눈길이 간다
가난한 회사원 생목(生木) 같은 아내의 생일날
가장 기쁜 선물은
아마도 거액의 복권 당첨금일 터인데
감상적인 꽃 송이송이 향기 맡으며
사랑해 잘 사왔다 아름답다 할까
복권가게에 붙은 찬란한 전광판에서
목 빼고 기다린 당첨숫자들이 차례대로 지나간다
비싼 꽃 우리 식구 쌀 한 포대는 족히 된다며
핀잔이나 주지 않을까
꿈처럼, 부적처럼 추위도 키순으로 줄 세우는 숫자들이
노을 잦아진 저녁 끝자락에 어렴풋이 사라지고
작년에 산 복권 한 장과 꽃다발이 차례로 지나간다
작년 생일날 꽃을 받아든 아내 옆의 식탁 위에서
눈부시게 반짝이던 조기 흰 속살도 지나간다
여직 아내에게 소명하지 못했던 빈손의 알리바이를

꽃 한 다발 안고서

복권가게 전광판에서 애써 만들고 있다

삐삐를 찾아서

겨울이 지나자
창문 너머 흰 눈이 환생하여
꽃가루 날리고 있다
오랜 풍문은 열병을 앓다가
꽃구경 외출 나와 벚꽃이 흐드러진 길가
잃어버린 삐삐를 보았다는 단서를 바람에 남긴다
바람은 한곳에 오래 머물지 않고 떠돌아
동거인이 없으나 지나친 지인들은 수없이 많다며,
손님처럼 정착하지 못했지만 오랜 추적 끝
주인공 꽃잎 옆에 잊혀져가는
푸른 잎의 작은 상처를 들여다본다
삐삐는 잎맥을 따라 돌아다니다
햇살이 상처를 남겨 부상 중,
길바닥에서 흔들리는 촛불의 구호처럼
노을빛에 물들어 벌겋게 부었다
몸조리 중인 석양 속에서 잎을 보며
식후 30분 약 넘길 물을 찾아
피처럼 떠돈다

주전자로 끓인 보리차는 한참을 식어
목소리를 잃어버렸다
잘나가던 시절 룸살롱이나 들락거리며,
2차 3차 4차 5차로 이어지던
잠자리 신음소리는 이제 들을 수 없다
다만 오래된 라디오에서 흘러나오는 유행가만이
귓가를 스치고 달아나며
허기진 옛사랑을 문득문득 떠올린다
후미진 쪽방 투병 중인 삐삐는
저녁 바람이 가져다준 추억으로
지나간 생의 배를 채우고 있다

동거의 공식

울지 마라, 사람은 가도
사랑은 가지 않는다
허나 세상에 떨어진 내 마음을
하루 종일 줍곤 하였다

마음 깊이 박힌 유리조각 같던 기억은
서서히 지워가던 임시 정거장에
세찬 전화벨소리와 함께
가방조차 없는 애인이 들어왔다
텅 빈 방 한 구석을 차지하고 있던 거울처럼
초라한 짐들을 비추고 있던 애인은
소리 없이 거주한 짐꾸러미 가슴에 한 아름 안았다

맨몸처럼 지나가던 정거장을
떠나가던 기차표에 날짜와 목적지를 찍어두고
출발과 도착을 알리는 기적소리를 찾아
어둠의 부재를 헤치고 갔다
아무리 소리쳐도 가슴으로만 쌓이던 목소리를

켜켜이 쌓인 먼지구덩이의 잠자리에 묻어두고
텅 빈 속내를 허기로 달랬다

아무렇게나 구겨진 흰 철사옷걸이들이
곁에서 몸을 걸어주고 있었다
삑삑 바람을 들여보내던 시끄럽던 문은
가지 말라 붙잡지 못했던 발목을 그림자로 비춘다
그 사이 조금 벌어진 틈새로
어느새 들어온 한 점 햇살과
또다시 새로운,
동거를 시작한다

숨은 밥

소리 숨겨 우는 법을 배우네. 붉은 대문 안, 해가 저물면 집안에는 침묵이 번지네. 고시원 불 꺼진 외로움처럼 작은 방 습기를 몰아내고 노을의 붉은 조명을 배경으로 벽에 물드는 저녁식사 차려지네.

한나절 버려졌던 밥그릇은 지난밤 눈이 쌓여 팥빙수 같았네. 시간의 의식주를 한바탕 소리 지르면 달그락거리던 밥그릇은 깊은 사색으로 가부좌 틀고, 복음 같은 주둥이 박고 두 손 모으네.

하루를 더듬는 아득한 저녁을 숨기네. 바람은 지붕에 앉아 숨긴 저녁을 찾고 있네. 경비 일을 시작한 지도 벌써 3년 전, 이 집은 직장이면서 또한 관저이기도 한, 하루 종일 수인(囚人)의 공간. 문패도 없는 집의 망명은 길고도 지루하게 영역만을 새겨 두었네.

늦은 만찬을 수돗가 한 모금 물방울로 끝내는 시간, 자막(字幕)처럼 어둔 허물이 내려지고 나무 위 웅크린 시간의 꽃, 지네. 깨어 있어야 하네. 이 밤을 지키려면 멍멍멍, 우우. 뚝딱 숨어버린 밥을 찾아서 울부짖네. 밥을 잃어버린, 숨은 밥을 그리워하는 앞마당 똥개의 깊어가는 밤.

이슬에 젖다

새벽일을 끝내고 돌아오는 길은
때로 낯설고 춥다
터벅터벅 젖은 발목이 얼어붙는 그런 날은
뒷발을 힘겹게 끌고 가는 고양이를 보거나
신문지 몇 장을 덮고 있는
아버지 닮은 노인의 잠을 보게 된다
새벽은 어둠 속의 쓰레기들을
하나씩 끌어당기며
하루 종일 당신을 기다리는 쾌쾌한 냄새와
지저분한 그리움들이 앞을 다투는 시간
삶이 더러는 재활용될 쓰레기들에 끼어들어
소생될 기회를 잃게 되기도 하는 법이다

언제 어디서나 나무의 뿌리처럼
자신의 단단한 공간에 정착하는,
비가 내리는 땅의 토착성
젖은 것들은 쉽게 마음을 감전시켜
이 새벽의 이슬조차 위험하다

바람이 몰고 온 물기들이
아침햇살에 젖어 있다
맨살에 무작정 젖는 것들은
스며들어 마음까지 적셔
슬픔이 나풀대며 눈망울도 젖는다

따가운 햇살이나 눈, 더러운 폐수가
깨끗한 비 대신 흘러내릴지라도
가장 잘 기억해내야 하는
첫사랑에 미소 지을 수 있는 순간
이슬은 키다리 전봇대 위에
수없이 검은 줄들을 따라
이른 봄을 맞이한다

잎에게 묻다

바람이 분다
가지 끝 하늘하늘
목숨처럼 매달려 있는 잎
바람은 잎이 움켜지고 있는
낮은 기압의 손을 치고 도망간다
헉헉 악악 위기일발의 숨소리
벌린 입 속의 혀처럼
긴 밧줄 끈에 달라붙는다
유언 한 마디 남기지 못하고
힘 빠진 손이 가지 끝을 놓치면
자신을 가두려는 만성적 피로 달아난다
나뭇잎 하나 비명과 함께
바위능선 위에 흥건한 물음들을 눕힌다
밧줄에 의존한 채 몸부림치다가
옆 암봉에 걸쳐진다
삶의 효력을 조금 더 연장한다
물의 온도를 조금씩 높여
고통을 감지하지 못하고 죽이는 음모처럼

땅 끝으로 떨어지지 않은 침낭
안도의 한숨을 쉰다
분기점에 매달려 있던 잎들은
우수수 바람에 날리다 실족사 한다
고운 흙 위에 무수한 대답들이 떨어진다
바위에 앉은 몸뚱이 긴 눈물을 흘린다

푸른 잎

가랑잎 두 손 곧게 펴서
햇볕 끝자락을 끌어내리며 눕는다
재 되어 가벼워진 구천의 향내들이
이제 내려앉을 쯤도 된 것이다
한동안 처마 끝 제비집처럼 아버지께서도
마당 한쪽에다 푸른 잎을 키우셨다
비라도 오는 날이면 아주 오래된 기억이라도 묻어
그 푸른 잎사귀 작은 상처 틈에다 끼워 두셨을 것이다
그 후론 잎마다 가는 혈관 어느 곳의 피가
낮은 제자리까지 돌아오는 동안
지아비 잘 익은 꿈들도 되살아나진 않았을까
저녁에 태어난 땅이 아침엔 고향 되지 못해도
알맞게 데워진 아랫목 상상하며 익어가는 찬 거름에는
누군가의 몫이나 삶의 밑천들이 있었으리라
허술한 상여 한 채 사방으로 곡소리 띄우며 돌아가도
깔깔한 주름마다 살아 웃으시며
마당엔 다시 가랑잎들만 가득한데,
어머니의 세월 같이 그리울 푸른 줄기들은

어디 있는 것일까
바람은 따가운 햇볕 다 가릴 수 없어
부득이 푸른 잎들에만 자상한 유언을 남기셨나 보다

터널을 지나다

헤드라이트를 밝힌다 산을 깎아 만든 긴 터널이 통째로 연탄불 석쇠 위에 오른다 터널 안처럼 어둠과 밝음의 경계가 확연한 퇴근길 도심 한가운데 터널은 꽉 막힌 부글부글 창자 속이다

둥글게 말린 곱창이 구워져 가고 직장인들은 질문 같은 의자를 당긴다 잔불 앞에 앉은 옆자리 과장은 터널 안 켜지지 않는 낡은 전등의 내력에 대해 작게 중얼거린다 정물 같던 신입사원은 깜박이던 전등의 가계(家系)에 관해 이야기를 꺼냈지만 아무도 듣지 않는다 쓸모없이 야윈 불빛에 대해, 잔명 같은 어둠이 이어가는 찬란한 직장에 대해 여전히 침묵이다

연기 가득한 곱창집 구석에서 직장인들은 정체구간처럼 한참을 지체하고, 꺼진 전등과 깜박이는 전등이 술잔을 부딪치며 터널 안 생면부지의 어둠을 사랑하지 않았다고 취기어린 고백을 거둔다

길고 둥근 터널이 검게, 혹은 누렇게 구워지고 함께 지나가는 생목(生木) 같은 어둠을 잘라낸다 조각난 터널 안에서 흘러내리는 여생(餘生)의 곱이 드러나면 이내 군침을 삼키며 각자의 접시 위 사연을 감춘다 잘린 어둠을 잘근잘근 씹어 소주 한 잔과 함께 우물거리며, 그렇게 간신히, 퇴근길 터널을 빠져나온다

발치여

발치여, 아직도 숨소리 바람에 들린다

증발된 수증기가 모든 존재들을 빨아들이며

먼지보다 더 미세하게

세상과 동화되는 소멸이 맥박 속에 뛰고 있다

발치에서 잠든 꿈들이 몸 안에 있는 모든 구멍에서

스멀스멀 새어나온다

제4부 복숭아꽃 아내

눈물 닦기

한 줌 가웃 증발해버린 그늘 뒤
때때로 길어 올린 그림자
별 나온 구름 사이 눈동자 커진다
뭉툭한 콧등에 모이는 흰 희망 자국
염전에 부는 따신 바람 흔들어
꽉 깨문 이만큼 돌 한 무더기 꿈만큼
한 번 더 파도 속에서 일렁거리고
넘어져 깨진 무릎 위로 한 줌 가웃
쏟아지는 꽃소금
울음자국이 핀다

비의 공평성

비가 내린다. 장대비는 길을 끌어당기며 하늘과 가까워지고 길은 한참을 낮아진다. 솔직히 먼 나무의 이파리가 떨리는 소리나, 보정되지 못한 흙과 뿌리의 경계를 계속 물어오는 필문(筆問)에 침묵하고 나는 낡은 사진첩을 꺼내 흐느적거리는 물의 태생을 찾는다.

아내가 숨죽인 빈대떡 반죽은 홍수의 수위를 넘어, 따라도 따라도 흘러내리는 물기. 보고 싶던 새벽을 어떤 희망이나 반전으로 재단하고서 기다리지 마라 물기가 너무 태어나면 그믐치 내리다 녹두가 그리운 곳, 한번 낮아진 길은 물의 고향이 아닐까 한참을 고심하다가 창 열어 하늘을 올려본다. 달구비는 저곳에서 왔을까 사진첩에서도 찾지 못한 고해성사가 흘러가는 방향의 단서는 여전히 오리무중이다.

따끈한 빈대떡 먹자는 아내의 목소리 싸리비에 날리며 자술서 긴 변명을 늘어, 열어둔 창밖 주파수에 제출하고서 저무는가 하던 화장실 불을 켠다. 손을 씻자 물은 흘러

또로로 내 빈손에 머물다 하수구로 흘러가며, 비의 지역성은 아득히 멀리 흐른다. 공평하기도 하여라 어디에서나 아득한 기다림을 주는 바람비는 이제 보이지 않는다.

복숭아꽃 아내

아내의 복숭아뼈 벌겋게 부었다
하루 종일 걸어 다닌 시장 한 구석
무거운 시장바구니 들고 가던 아내
양손에 비닐봉지를 내려놓고
아내의 복숭아 바라보았다
연애시절부터 잘 넘어지던
중심 없던 시절이 며칠 전 찾아와
조심하지 그랬느냐고 다그치기만 하던 복숭아를
소리 없이 바라보았다
아내가 제일 좋아하는 복숭아 하나
젊을 때 아껴야 한다며
궁상 떨던 아내의 복숭아뼈를
이제야 자세히 관찰하였다
참 둥글기도 하구나
벌겋게 부은 발목을 보니
예전 발목 생각나지 않았다
기름 값 아낀다며 버스 대신 걸어온
아내의 미소

애써 모른 척하며

탐스럽기도 하겠다

바로 옆 과일가게 진열된 복숭아 한 개

살며시 집어 들며

복숭아꽃 향기를 맡는다

쌓인 벽돌

잠시 쉬어가야 할 때도 있지
한나절 벽돌을 나르다
쌓인 벽돌 의자 삼아 앉아 담배를 꺼낸다
긴 식도 어디쯤엔가 느껴지는 허기는 무엇일까
분명 잘못된 것이다
공복의 방귀는 쌓이는 소리를 내는 법 없이
잘못 놓인 벽돌들 얼굴 붉힌 자리만 뜨면
체온 정도야 유지되는 것 아닐까
달리는 고급 자동차 바퀴에 먼지가 일지만
숨 쉬는 걸 두려워 할 이유는 없지 그렇다고
벽돌 쌓인 높낮이를 굳이 탓할 필요 또한 없지
논리적으로 혹은 기호학적으로
삶을 설득할 능력을 갖춰야 해도
허한 그 비움의 존재, 뱃속 존엄성에 대해
쓴웃음을 나누는 분별력 또한 가져야 해도
혼자 그리울 때가 되면
사랑 노래 한 소절 읊조릴 수 있으면 좋지 않을까
진열 제과점 빵 같은 그녀는 분명 그랬다 하루 종일

저온 숙성의 삶을 기다리며 작은 눈알을 헤아리다
꿈을 꾸는 것이라 했다 사랑만으로는 못 산다 했다
마치 이 벽돌들이 차곡차곡 시멘트에 발목을 잡히면
일어나는 감정의 두 가지 상태, 체념과 포용
그 사이에 끼워 넣을 두려움을
상상하는 일 따위와 같은 것이리라
저 이층집 젖은 옷가지를 말리며 차를 마시는
사모님의 꿈들보다 무엇이 모자라며 무엇이 넘치겠나
그럼, 시계를 봐가며 사랑할 필요는 없지
지나가는 사람들 한 번쯤 세우고 몇 마디 하게 하는
근사한 집이라도 세워지면, 우린
그 중간에 쌓인 걸 자랑스러워하겠지만
집의 내구성이나 수명을 헤아리는 발 빠른 계산 정도야
누구나 하는 것 언젠가,
가끔씩은 끌어안기 힘들었던
서로의 무게에 푸념하겠지
아직도 제자리인 오랜 기억을
빈자리를 지우는 어색한 추억 따위를

고백

만원 지하철에서 발붙일 한 뼘의 땅을 내려다본다
원한다 해서 이루어지는 것은 적을지라도
더 큰 공간을 보고 싶었다
도망가는 땅을 발밑에다 끌어다 두고
고단한 출근은 사람들 사이에서 퇴근한다
반가운 얼굴들은 없지만 지하철 안의 얼굴들은
회사 서류철에 철해지고, 조는 얼굴이 잠깐 잠깐
실직을 걱정하듯 깜짝 놀라 시계를 본다
풍화작용으로 깎여진 모래보다 많은 얼굴들이 있다
얼굴들이 각자의 목적지로 출근하는 아침마다
발밑으로 끌어온 땅을 내려다본다
얼굴들의 발이 제각기 공간을 마련하고 서 있다
서로의 발이 포개지기도 하고,
좁은 빈 공간을 따라 분주하게 움직이며
자신의 길을 찾고 있다
이리저리 떠밀리는 출근이라도
다행인 길을 따라
전철 안 불빛 깜박거리며 어두워지면

이제 갈 곳이 없다
커다란 손전등 하나 들고
실직한 몇 주 동안 옛 직장으로 가는 길에서
사람들 얼굴이나 발을 살피고 있다
그들의 마음에까지 흘러가는 긴 레일을 놓아
새로운 출근길을 만들고 있다

출입

날마다 로그인을 합니다
굳게 닫힌 대문을 열고 안으로 들어서는 일이죠
보고서를 작성할 때나 계산서를 살펴본 때도
업무에 둘러싸인 책상 넘어
감기는 눈꺼풀을 커피로 달랜 후입니다
로그인을 할 때마다 몸속에서 바람이 지나가지요
손가락 사이사이에서 숭숭 빠져나가는 눈동자를
잠시 눈꺼풀에 붙들어 두고
머리카락도 깊고 넓은 온라인 안으로 들어가는 거지요
상사의 듣기 싫은 잔소리나 전날의 숙취도 같이 갑니다
마음 빚을 지고 사는 숨은 발걸음 잠시 멈춰
첫사랑을 검색하기도 하지요
붉은 손톱 아래 흰 언덕을 오르던 바람이 웃었습니다
바람이 첫사랑이었나 봐요 지금은 잊었지만요
아파트 시세도 대출금도 그 판에 저 판이던 정치판도
바다 건너 야구판도 지나갑니다
삭제되지 않은 시야의 비명도 안에 두고
폐기하지 못한 첫사랑도 뒤로 하고 옵니다

하루에도 몇 번씩 반복되는 출입을 나지막이 연호하며
자꾸 로그아웃 되어가는 감정의 살결을
희미하게 기억해내고 있었습니다

견고한 습성

정물 같은 자동판매기 안으로 동전을 흘려보낸다. 나도 개 끌리듯 동전을 따라 간다. 식도와 장기처럼 긴 속을 가다가 소화시킬 동전들과 함께 순환하는 입과 항문 모두가 자동인 세상. 밥 먹고 화장실 가는, 들고나는 순환처럼 덜컹덜컹 먹은 밥들만큼 일정량을 배출해야 하는 수줍은 의무. 어두워지면 보이지 않는 것이 슬퍼지는 추억처럼 사람들이 가끔 연민의 면회를 올 뿐이다.

사람들의 손을 거치지 않고는 아무것도 살 수 없을 때가 있었다. 사람이 살지 않는 섬처럼 소리가 나지 않는 곳만 찾는다. 무인도로 들어가는 문을 열면, 작은 구멍을 비집고 들어갔다. 세상의 빛을 차단한 어둠의 누대, 삶이란 어둠 속 두려움 같은 것이다. 위통 같은 두려움이 어둠을 따라 내려가다가 통하고 사체들을 처리하는 관 속에 갇힌다.

때로는 변비에 걸려 세상의 구멍이란 구멍에서 들고나는 욕망이나 배고픔과 조우한다. 딱딱한 물체와 말랑말랑한 감정, 그리고 공기와 숨소리까지도 들고나면서 움직이고 존재하는 비움을 향해간다. 모든 구멍들의 채움과 비움을 위해 아직도 숨소리 바람 타고 들린다. 증발된 수증기가 모든 존재들을 빨아들이며 먼지보다 더 미세하게 세상과 동화되는 소멸과 증발이 맥박 속에 뛰고 있다고.

해골들이 그득한 구덩이 안 아직 숨을 쉬고 있는 중, 덜컥 선택 버튼이 들어오고 사체는 환생한다. 잠든 꿈들이 몸 안에 있는 모든 구멍에서 스멀스멀 새어나와 한바탕 소란을 떨 것이다. 촛불 한 자루에 쥐고 소리치며 평등을 달라고 아우성친다. 덜컹, 인출한 음료수가 떨어진다.

안구건조증

한 줌 약을 털어 넣는다. 막상 통증은 젊은 약사를 막고 서 있는 긴 엄폐물에 가려져 분비되지 않는다. 작은 시절 눈물의 씨앗을 불 밝히던 꿈처럼 눈부시고 아름다운 눈빛에도 더덕더덕 저지른 죄를 거친 각막에 가둔다.

빳빳하게 줄 지워진 젊은 약사의 하얀 소매에 까칠하고 주름진 약손을 떠올린다 눈물샘이 갓 깨어난 피처럼 빨간 난로 심지 같아, 약국의 안쪽은 따뜻한 기둥에 약들을 살찌우고 물컹물컹 인공누액을 내 숨통 같은 눈에 넣는다.

마른 상처가 눈물을 부르고 상처 뒤의 죄와 망막 위를 흐르는 빛은 아프다. 독처럼 사랑은 흔적이 되어 눈물을 뒤로 넘긴다. 계절과 계절 사이의 우기가 숨어 명치끝에서 심지가 꽉 찬다. 비가 오지 않는 시간이 눈물처럼 길어 양파껍질을 벗기며 흐르지 않는 눈물을 슬퍼한다. 다음 껍질 다음 껍질을 벗기며 무미건조한 얘기들을 주저리 늘어놓고 있다.

안경 너머 어떤 약들을 써야 이 오랜 고통은 아물 것인가. 혹, 제조실 안에는 아픈 기억을 잠재우는 약들이 소리 없이 배합되는 것은 아닐까. 흰 페인트 냄새가 채 가시지 않는 벽 한쪽 지친 환풍기가 먼지를 삼킨다. 밖으로 나오니 안개에 걸린 신열처럼 신흥약국 간판이 흔들리고, 미완의 눈물은 눈에 오래 고여 있다.

골목길

겨울바람 꽃잎 떨어진 자리엔
어떤 화음이 날까 언 땅으로부터
피어나는 서리꽃은 조용하다
어머니 찬 골목길 같은 이마 주름에
젖은 비 젖은 한기 가득하고 내 따뜻한 손
떨어지지 않는다 어릴 적 골목길 입구,
주위가 깜깜하던 석회벽 공터 아래로
작게 흥얼거리는 소리 따라가 보면
뽀얗게 언 정화수 위 어른대는 촛불 한 묶음
촛불은 왜 얼지 않을까 엄마 손도 얼지 않겠지
손 비비면 따뜻해 따뜻해 하시던,
그래서 언 땅 서리꽃을 녹이시나 하고서
뵈지 않는 이 열기는 어디서 나오나 하고서
이제 겨울이 시작되고
어머니 찬 골목길 같은 이마 주름
비탈진 언덕을 오르다가
호호 입김을 열어 두 손 비빈 온기 이마에 얹으면
여직 내 손에서 흥얼거린 화음 엉킨 마른 기침소리가,

뚝뚝 떨어진다

뚝

빛

나를 찾아
주위를 돌아보며
갇혀 있다
누가 날 꺼내주지 않을까
새삼 창 틈새 한기만 하던 어둠에
잊고 있던 감금을 시작한다
나는 당하고 있다

빨리 숨어야 한다

무게와 친해지는 법

역기를 들면 알통 위에 먼지 떨어진다
먼지보다 더 무거운 시간을 들어올리며,
희붐한 먼지를 털어 내려놓는 일
역기를 들어 올리며 그리운 것 잊기 위해
몸에 사는 이별이나 욕망 따위의 무게를 숨겨두기 위해
추억 제목들 바래가고, 소리 없이 무게를 내려놓는다

거울 속에 사는 바람도 솔솔 땀을 식히고,
허기진 살들을 먹이러 땀구멍 속으로 먼지를 넣는다
풀풀 사람들 사이에서 떠돌다 나를 메우는 삶,
적막한 거처를 근육에 간직하기 위해 다시 역기를 든다
불룩 나온 내 몸의 싹은 더 자라 든든한 무게를 담고
모든 소통의 덩어리를 모을 것이다
역기가 내 몸으로 들어가 버린다

눈의 눈

그리움을 끊듯 어려운 담배나 술과의 단교처럼
눈이 끊겼다 젊은 삶이나 가로수가 속죄하는 길이
눈에 덮여 보이지 않는다
세상이 넓고 할일은 많으나
추억 또한 길 위에 존재하고 추억이
떨어진 길 위에서 단념하거나 결심한다
앞으로 일어날 수많은 일들이 눈과 눈 위의
반짝임처럼 내 눈 속에 하얗게 떠다니다
가장 높은 곳에 망막처럼 겉돌다가 녹는다
봄은 다른 소식을 줄 곳 없어 더디다
마음이 허가되지 않는 길들을 따라가다가
끊기고 끊겨서 어둠을 몰고 왔다
눈은 이제 보이지 않는다

해설

거리(街道)에서 거리(距離) 지우기 : '탈자(脫自)' 의 현실성

백인덕 시인

> 시 쓰기가 보여주는 것은, 죽을 운명이라는 것이 인간 조건의 양면성 중의 한 면일 뿐이라는 사실이다. 또 다른 한 면은 살아가는 존재라는 것이다. 태어남은 죽음을 포함한다. 그러나 죽음과 삶이 서로 적대적인 것이 아니라는 것을 깨닫자마자, 태어남은 부족과 형벌의 동의어가 아님을 알게 된다. 이것이 시를 쓴다는 것의 최종적 의미일 것이다. ―O. 파스

1. '둘레' 없는 삶 : '거리(街道)'의 '현실성'

현대인의 초상(肖像)을 그릴 때, 비록 지난 세기의 개념이지만 '일상성(日常性)'은 아직도 강력하고 규범적인 '틀'로 작용한다. 일상성의 세 가지 특징, '단순성, 자동성, 반복성'은 아직도 이 도시의 구성원들에게 중요한 생활 원리이기 때문이다. 이 특징들이 우리의 '생활과 경험'의 기반을 이루며, 동시에 한계가 된다. 오늘도 수많은 상업적

광고들이 ‘일탈’을 말하지만, 자기 ‘생활과 경험’의 울타리에 갇혀 버린 현대인들은 흔히 ‘여가’라고 생각하는 ‘레저(leisure)’의 제대로 된 정의조차 알지 못한다. 흔히 ‘자기 일로부터의 해방’이라는 소극적 의미로 이해한다. 이러한 이해의 문제는 ‘일상’을 앞서 언급한 세 가지 특성으로 환원시켜, 결국에는 자신의 ‘생활과 경험’의 거의 전부를 무의미한 시간의 경과나 장소의 이동 정도로 축소시킨다는 데 있다.

‘자기 기반이며 한계’라는 말은 엄밀한 의미에서 모순적이지 않다. 그것은 앞에 인용한 옥타비오 파스의 말, “태어남은 죽음을 포함한다”와 같은 형식으로 이해될 수 있기 때문이다. 또한 이러한 명제에서 주의해야 할 점은 그것이 어떤 층위, 혹은 지향을 겨냥한 것인가 하는 점이다. 예술, 이 글과 관련하여 ‘시적 층위’, ‘시적 지향’에 관해 사용된다면 ‘모순’은 저절로 해결된다. 시인이란 결국 이 도시의 단조로운 ‘생활과 경험’의 한계 속에서 죽어가면서 동시에 순간의 빛나는 ‘자기 성찰’을 통해 살아가고, 도약하는 존재이기 때문이다.

배재형 시인의 이번 시집은 앞의 구도를 세분화하는 것으로 충분히 읽어볼 수 있다. 시인의 작품들은 ‘닫힌 경험(기억, 과거)’과 ‘닫힌 전망(부재, 미래)’의 우울한 음조(音調)로 가득하지만 그는 하나의 ‘통문(通門)’을 통해 ‘자아와

거리'의 거리(距離)를 지워, 아니 '현실성(여기서 현실성(actuality)은 시간, 공간적인 의미의 현실(reality)이 아니라 '잠재적'인 것들이 '현실'로 변모하는 과정에 더 가깝다)'을 전면에 배치하는 전략으로 '탈자(脫自, 하이데거식으로는 ecstasy지만 이 글에서는 융식으로 ego(자아)가 Self(자기)로 변하는 것으로 본다)'로의 변모시키는 과정을 그려내고 있다.

1

여관 여주인은 졸린 눈을
내 지갑에 잠시 흘긴 후
지폐와 열쇠를 교환한다
304호 열쇠를 받아든 지친 눈이
빨간 카펫이 깔린 계단 위를 오른다
지나가는 문들 안에서
희미한 신음과 탄성과 괴성이 흘러나온다
소리들은 제각기 어떤 사연으로
이곳까지 흘러왔을까
낯선 방 거울 안에 사는 바람과 마주친다
사랑이 흔들리다 속삭인다
정신과 육체가 만나 사랑을 하면
소리는 하나가 되어
휴식처럼 여관방 곳곳에 숨어든다

2

아침 햇살마냥 여관 뒷문을 나오다
버려진 텔레비전을 바라본다
겉으로는 멀쩡한 허우대 하나
소리 없이 서 있다
세상을 버린 목숨은 외롭겠지
감추어진 뒷면을 보니
몇몇 부품만이 뜯긴 채 해부되어 있다
세상을 보여주지 못하는 화면은
긴 침묵 속에서 바람을 만난다
외롭다고 외쳐야 할 때 침묵하는 마음 안에서
작은 목소리가 맴돈다
나무처럼 굵고 딱딱한 뿌리와 줄기를 가진
플라스틱과 깨진 유리의 그리움 희미하게 들린다
미수에 그친 자살을 뒤로 하고 걷는다

—「소통의 계보」 전문

전문 인용한 이 시의 표면, 즉 화자의 시적 진술을 통해 드러나는 것은 '여관'이라는 공간에서 '늦은 밤(졸린 눈)에서 아침(아침 햇살마냥)'까지의 시간적 경과일 뿐이다. '미수에 그친 자살'이라는 표현을 통해 시적 화자가 생사를 결정해야 하는 고뇌를 품고 그 장소에 들어갔음을 짐작할 수 있다. 또한 “낯선 방 거울 안에 사는 바람과 마주친다”는 곳에서 시적 화자의 결심이 변한 계기를 유추할 수도 있다. 사족이지만, 시어 ‘바람’은 대표적인 중의어(衆意語)다. ‘바람(風)’으로 읽으면 ‘과거, 시련’의 의미가 되지만, ‘바람(希)’으로 읽으면 ‘미래, 희망’의 의미가 된다. 더불어 화자의 현재 상황이 “외롭다고 외쳐야 할 때 침묵하는 마음 안에서/작은 목소리가 맴”도는 절망적 상태임도 상상할 수 있다. 하지만 더 이상의 정보는 제공되지 않는다. 시인은 왜 허름한 여관은 찾아 ‘자살’ 을 기도했고, ‘거울’ 속의 ‘나(바람 · 希)’를 만나 마음을 바꾸었으며, ‘버려진 텔레비전’을 통해 어떤 ‘자기’를 반추(反芻)하거나 회상(回想)했는가 등이 모두 미지수다. 다시 사족이지만, 이 작품의 핵심 이미지로서 ‘거울/텔레비전’의 속성을 생각해 볼 수 있다. 간단하게 말하면, ‘거울’은 배후에 아무것도 없다는 것을 알지만, 그 배면을 지운다면 ‘반사(反射) 기능’을 할 수 없다는 점, 즉 우리의 기억처럼 더 이상 개입할 수는 없지만, 그 기억을 부정하면 우리의 현존재가 부정되는 것과 같은 역할을 한다. 반면에 ‘텔레비전’은 이면이 아니라 내부를 갖고 있지만, 그것이 ‘텅 빈 내부’이기 때문에 아무리 화려한 ‘상(像)’을 보여주더라도 끝내는 ‘존재’를 보증하지 못한다는 점에서 현대인의 ‘일상적 삶’을 그대로 유비한다.

시인이 삭제했거나 여백으로 감추어 둔 여러 '의문'의 해답을 찾아 배재형의 이번 시집을 살펴보고자 하는 것이 이 글의 목적이다. 친절한 안내보다 고약한 분석이 우선될지도 모르겠다. 하지만 첫 시집을 묶는 시인의 그간의 고통을 미뤄 짐작한다면, 독자들도 이해해 주리라 믿는다.

2. '자아(自我)'의 한계 : 순환(循環)하는 기억과 몸

일반적으로 '기억/몸'의 관계를 '정신/신체'의 대유로 읽으려는 의도는 긍정적으로 해석하면 '삶의 물질성' 또는 '체험의 직접성'을 강조하려는 전략에서 비롯한다. 반면 이를 부정적으로 비판한다면 한 개인의 '생'을 단순히 '일회적인 것', 또는 지나치게 '욕망'에 사로잡혀 있는 '알 수 없는 무엇'으로 환원하려는 경향을 보인다. 이번 시집에서 드러나는 주요한 테마가 관념적인 '결핍, 부자유, 절망'이 아니라 말 그대로 '생생한(vivid)' 시적 화자의 '가난, 종속, 좌절'이라고 볼 수 있다면, '정신/신체'의 괴리(乖離)적 상황에 집중하는 것이 시집을 읽는 올바른 방향이 될 것이다. 그러나 시집에 수록된 개별 작품들은 대부분 이러한 독법을 비껴간다. 아니 거부한다.

딱딱하고 무거운 현금지급기 안이

행복한 가족처럼 따뜻하다,
눈감고 중얼거리다
가는 손금을 통해 전기가 온몸으로 전해지는 순간
깜짝 놀라 눈을 뜬다
갑자기 지폐 배출구 문이 짠하고 열리며
세상을 돌다가 지급기 안에 잠깐 머문 돈 대신
오래전 설레던 심장 하나 뛰고 있다
지급기 위에 붙어 있던 거울 속 한 사람
긴 세월 저축해 놓은 재산인
멍들고 쪼그라든 심장에서는
돈에 긁힌 비명이 가만 숨을 죽인다

—「현금지급기」 부분

생활로서 '현실'의 편리함과 비정함을 상징적으로 보여주는 '체계'로 '현금지급기'만 한 것도 찾기 어렵다. 화자는 그 '체계' 안으로 '카드'가 아닌 자신의 '손'을 집어넣는다. 이것은 그가 자신의 '몸(신체)' 이외에는 '현금화'할 수 있는 그 무엇도 없는, 그야말로 맨몸뿐인 상태를 보여준다. 또한 그는 '가는 손금'을 통해 자신의 '운명'을 읽히고, 어쩌면 거기서 남은 '희망'을 찾기를 바라는 최후의 행위를 시도하고 있는 것인지도 모른다. 그러나 그는 '현금'도 '희망'도 아닌, 그러니까 '현재'도 '미래'도 아닌

“긴 세월 저축해 놓은 재산인/멍들고 쪼그라든 심장”, 즉 ‘과거’만을, “돈에 긁힌 비명”만 남은 자신을 되돌려 받는다. 가난으로 인한 이러한 극한의 상황은 시집 도처에서 발견된다.

해질 무렵 어디선가 나타난 섬들이
주섬주섬 나타나 잠자리를 만든다
밤새 숨을 고르던 섬들이 군도를 형성한다

—「숨어있는 섬」 부분

후미진 쪽방 투병 중인 삐삐는
저녁 바람이 가져다준 추억으로
지나간 생의 배를 채우고 있다

—「삐삐를 찾아서」 부분

하루를 더듬는 아득한 저녁을 숨기네. 바람은 지붕에 앉아 숨긴 저녁을 찾고 있네. 경비 일을 시작한 지도 벌써 3년 전, 이 집은 직장이면서 또한 관저이기도 한, 하루 종일 수인(囚人)의 공간. 문패도 없는 집의 망명은 길고도 지루하게 영역만을 새겨 두었네.

—「숨은 밥」 부분

몇몇 성공담을 제외한다면, '노숙', '쪽방', 경비원들이 직장인 '수인의 공간' 등은 삶의 곤궁과 그에 따른 신산함을 드러낼 수 있는 대표적인 어휘들이다. 그런데 이들 작품에는 두 개의 공통점이 있다. 하나는 시적 화자가 '응시'가 아니라 '관찰'적 시선을 보내고 있다는 점이고, 다른 하나는 '시적 대상'이 다른 대상에게로 감정이 전이되어 작품에 대한 독자의 '감정이입'을 부자연스러운 것으로 만든다는 점이다. 좀 더 자세히 풀어보면, 시인은 '노숙인', '쪽방 퇴물', '경비원' 등을 개별적인 한 대상으로 오랜 기간 '응시'하면서 시인 자신과의 관계를 설정하기보다는 사회적 현상으로 '일반화'함으로써 근본적으로는 '시인'과 경계를 짓는다는 것이다. 또한 시적 대상마저도 '노숙인→섬', '쪽방 퇴물→삐삐', '경비원→똥개'로 비유적으로 처리하고 있다. 이러한 특징은 말 그대로 시인의 '시적 전략'이라고 할 수 있는데, 아마도 시인의 오늘과는 명확하게 다른 상황임을 강조하려고 한 것으로 보인다.

손 씻은 물이 내 손의 더러움을
비누거품 물 위에 둥둥 띄워 놓는다.
가질 것이 너무 많은 사회에서
내 손이 너무 작음을 한탄한다.

장마 속에 축축한 이불들을 짬짬이 널어 말리고

날갯죽지 젖은 비둘기에게

내 심연의 누룽지처럼 말라붙은 욕망을 던져주고서

또 손을 씻는다.

—「물속의 빈손」 부분

시인이 목격하고 있는 사회적 상황과 자신이 직면한 상황을 가르는 '경계선'이 이 작품을 통해 명확하게 드러난다. 그것은 '빈손'의 '의미'가 달라졌음에서 기인한다. "아버지께서 남기신 유일한 유산인 내 빈손"은 '운명'이며 '과거(기억)'일 뿐이다. 시인은 비록 "가질 것이 너무 많은 사회에서/내 손이 너무 작음을 한탄"하지만 그는 또 '손'을 씻기 때문이다. 이번 시집에 등장하는 '손'의 의미에도 유의할 필요가 있다. 일반적으로 '손'은 인간의 의지나 힘을 외화(外化)하는 도구의 하나로 인식된다. 따라서 '빈손'은 그의 의지나 힘이 아무런 소득, 결과물을 획득하지 못한 것으로 읽힌다. 그러나 우리가 '탈자(脫自)의 철학'으로 눈을 돌리면 전혀 다른 의미를 이해할 수 있게 된다. 이때 '손'은 단순한 감각의 거소가 아니라 우리의 '현전'을 순수하게 감각적으로 전달할 수 있는 가장 가깝고 효과적인 방법이 된다. 그러면 '빈손'은 '타자'에게로 열린 첫 번째 '통문'이 된다. 그것은 우리가 무엇인가를 움

켜쥐고 있을 때는 그 누구와도 '손'을 맞잡을 수 없는 것과 같은 이치다.

이번 시집에서 '운명(「월하의 공동묘지」, 「물속의 빈손」, 「옥상의 지붕」, 「비 오는 목욕탕」등)'을 다뤘거나 '가난(「열쇠를 찾아서」, 「현금지급기」, 「노숙의 내력」, 「김밥 옆구리」 등)'을 주제로 한 작품들은 대체로 '일상성'에 함몰된 '자아'의 비극적 상황을 드러낸다. 이는 다시 '타자'와 관계 맺지 못하고 '현재'를 '과거'로 소급해 '현재의 상황'이 '과거의 원인'으로부터 비롯된 결과라는 식의 소극적 '자아관'을 은연중에 피력한다. 그러나 분명한 것은 시집이 이러한 상황을 맴돌거나 인식적 한계에 갇혀 있지 않다는 점이다.

3. '자기(自己)'의 확립 : 투사(投射)되는 몸과 희망

언제, 어떤 계기로 우리는 '자아'의 좁은 껍질을 찢고 나와 '자기'의 세계를 확립할 수 있는가? 그것은 '시간'에 대한 인식이 바뀔 때 일차적으로 시작된다. '탈자의 철학'은 '시간의 본질은 미래성'에 있다고 본다. 이때 '미래성'이란 '가능성(possibility)'으로서의 '현실성(actuality)'이 된다. 다음으로는 '타자'를 발견했을 때 '자아'는 '자기'로 전환된다. 마치, 작품 「소통의 계보」의 시적 화자가 "낯선 방 거울 안에 사는 바람과 마주친" 것처럼 '낯선'과

'소통'이 필요하다. 또한 자신의 '인격(persona)'에 대한 긍정적 시각을 가질 때 우리의 몸(현전성)은 미래(현실성)를 향해 '기투(企投)'된다. 이러한 과정을 이번 시집은 여러 작품을 통해 그대로 형상화하고 있다.

1) 새벽일을 끝내고 돌아오는 길은
때로 낯설고 춥다

—「이슬에 젖다」 부분

2) 길고 둥근 터널이 검게, 혹은 누렇게 구워지고 함께 지나가는 생목(生木) 같은 어둠을 잘라낸다 조각난 터널 안에서 흘러내리는 여생(餘生)의 곱이 드러나면 이내 군침을 삼키며 각자의 접시 위 사연을 감춘다 잘린 어둠을 잘근잘근 씹어 소주 한 잔과 함께 우물거리며, 그렇게 간신히, 퇴근길 터널을 빠져나온다

—「터널을 지나다」 부분

3) 행복할까 어젯밤 잠시 만난 비가 내 몸을 녹슬게 한 걸까
누군가 몹시 보고 싶은데 생각이 나지 않는다 자꾸만 건망증이 생기고 있다 나는 회문(回文)을 읽듯 점멸하는 가로등을 그렇게 헤치고 간다

—「불빛, 불빛들」 부분

세 편의 작품에는 관찰을 통해 '대상화'되거나 비유를 통해 '일반화'되지 않은 시적 화자의 모습이 그 자신의 '어조(語調)'로 그려지고 있다. 이처럼 심리적 거리(距離)가 가까울 때, 미학적으로는 '고백'에 가깝다고 보지만 존재론적으로는 '탈-존재'의 계기가 형성되고 있다고 본다. 1)의 경우 '길'의 낯설음은 자신의 미래에 발생할 '순수가능성', 즉 '존재론적 지평'의 확대를 예감하는 경우로 해석된다. 2)의 경우 "함께 지나가는 생목 같은 어둠"에서 시인이 '생'이라는 하나의 '장(場)-세계'에서 고립된 존재가 아니라는 인식을 읽을 수 있다. 마찬가지로 3)에서는 '나'가 등장함으로써 그리고 그 '나'가 '과거("생각이 나지 않는다")'가 아니라 오직 '현재("회문을 읽듯 점멸하는 가로등")'를 '미래'('간다')로 투사하는 것을 볼 수 있다.

이러한 인식의 진행은 결국 '자기(Self)'에 대한 이해가 확고해졌음을 반증한다. 그것은 '인격', 다시 말해 '관계에 따라 욕망을 조정'하는 '태도'가 명확해졌다는 것을 의미한다. 배재형 시인의 경우 두 가지 양상에서 이러한 점이 드러난다.

1) 오래전에 떠났던 동네에서
날아가버린 포스트잇을 찾아다녔다
밥값하며 살지 못한 걸음보다 빠른 세상에서

그 문제와 이 현실의 숙제처럼
포스트잇 덕지덕지 붙은 책상 앞
눈감고 가만 고향을 떠올렸다
희망은 실수로 태어나 점도가 약하고 끈적거리지 않는
마지막 추억의 서표 같은 것임을
붙여놓은 포스트잇 앞에서 때늦게 알았다

—「포스트잇」 부분

2) 여직 아내에게 소명하지 못했던 빈손의 알리바이를
꽃 한 다발 안고서
복권가게 전광판에서 애써 만들고 있다

—「꽃집 앞」 부분

인용한 작품 1)에서 시인은 "오래전 떠났던 동네"(과거)의 '나'를 잊고, "그 문제와 이 숙제"의 같고 다름을 생각할 수 있게 된다. 같은 것은 "희망은 실수로 태어나 점도가 약하고 끈적거리지" 않는다는 '사실'이지만, 다른 것은 그 사실을 '고향'이 아니라 '책상 앞'에서 적용해야 한다는 점이다. 또한 2)에서 시인은 '아내의 생일', 여직 '빈손'인 자신의 '알라바이'를 생각하는 또 다른 존재가 되어 있는 것이다.

4. '한계' 없는 삶 : 시적 인식의 경계

이번 시집을 통해 배재형 시인은 '일상'이라는 이름의 '생활과 체험'의 기반 위에서 그것을 우리를 가두는 '우리'처럼 인식하지 않았을 때, 성취할 수 있는 시적 인식의 경계와 형상화의 어려움을 동시에 보여주고 있다. 시인의 자서처럼 '이 어처구니 풍문'은 그런 의미에서 오늘 동시대의 여러 시인과 독자의 손을 '회문(回文)'처럼 돌아다닐지도 모를 일이다. 끝으로 '현실성'에 주목했다는 점에서 '과거'가 '현재'로 소환되고 '현재'가 '잠재적 가능성'으로서 '미래'를 다시 소환하는 아름다운 작품 한 편을 인용하는 것으로 이 글을 끝맺고자 한다.

아내의 복숭아뼈 벌겋게 부었다
하루 종일 걸어 다닌 시장 한 구석
무거운 시장바구니 들고 가던 아내
양손에 비닐봉지를 내려놓고
아내의 복숭아 바라보았다
연애시절부터 잘 넘어지던
중심 없던 시절이 며칠 전 찾아와
조심하지 그랬느냐고 다그치기만 하던 복숭아를
소리 없이 바라보았다

아내가 제일 좋아하는 복숭아 하나
젊을 때 아껴야 한다며
궁상 떨던 아내의 복숭아뼈를
이제야 자세히 관찰하였다
참 둥글기도 하구나
벌겋게 부은 발목을 보니
예전 발목 생각나지 않았다
기름 값 아낀다며 버스 대신 걸어온
아내의 미소
애써 모른 척 하며
탐스럽기도 하겠다
바로 옆 과일가게 진열된 복숭아 한 개
살며시 집어 들며
복숭아꽃 향기를 맡는다

—「복숭아꽃 아내」 전문

문학의전당 시인선 142

소통의 계보

ⓒ 배재형

초판 1쇄 인쇄 2012년 11월 22일
초판 1쇄 발행 2012년 11월 28일
지은이 배재형
펴낸이 김석봉
디자인 조동욱
펴낸곳 문학의전당
출판등록 제311-2012-000043호
주소 서울시 은평구 연서로11길 7-5 401호
편집실 서울시 마포구 공덕2동 404 풍림VIP빌딩 413호
전화 02-852-1977
팩스 02-852-1978
블로그 http://blog.naver.com/mhjd2003
전자우편 sbpoem@hanmail.net

ISBN 978-89-98096-12-0 03810